Tröstende Worte

von Herzen

GROH

NICHTS BERÜHRT UNSER LEBEN TIEFER, als einen geliebten Menschen zu verlieren. Gerade in dieser schweren Zeit denke ich besonders an dich und wünsche dir von Herzen viel Kraft.

Der Tod löscht das Licht des Lebens aus, aber niemals das Licht der Liebe.

IRMGARD ERATH

WIE IM NEBEL tasten wir uns durch die Tage der Trauer, auf der Suche nach etwas, das Halt und Orientierung gibt. Du brauchst jetzt viel Kraft um weiterzugehen, Schritt für Schritt einer neuen Wirklichkeit entgegen.

DIE FRAGE nach dem „Warum" lässt uns nicht los: Warum musste ausgerechnet der Mensch gehen, der uns so lieb und wertvoll war? Warum müssen wir zurückbleiben? Verstehen können wir es nicht. Es bleibt uns nichts, als zu akzeptieren, dass es eine Macht gibt, die stärker ist als wir.

OFT WIRD der Tod beschrieben als ein Schritt über die Schwelle in einen anderen Raum. Ist dies nicht ein tröstlicher Gedanke – dass der, den wir geliebt haben, nicht weit weg, sondern uns nur einen Schritt vorausgegangen ist?

ALLES VERÄNDERT SICH, ABER DAHINTER
RUHT ETWAS EWIGES.

JOHANN WOLFGANG VON GOETHE

IN DER STILLE verlangsamen sich die Gedanken und inmitten unserer Trauer wächst ein Gefühl der Unendlichkeit. Wir sind einander fern und doch nirgends so nah wie jetzt.

WIR FÜHLEN MIT DIR. Und auch wenn dir den Schmerz niemand abnehmen kann, so hilft es vielleicht zu wissen, dass gute Gedanken dich liebevoll durch diese schwere Zeit begleiten.

GLAUBST DU AN ENGEL? Wäre es nicht schön, jemanden zur Seite zu haben, der dir hilft, deine Last zu tragen, der dich stärkt und dir den Weg zurück ins Licht zeigt? Engel sind überall – auch unter den Menschen.

EIN ENGEL SEI NEBEN DIR,
UM DICH AN DER HAND ZU NEHMEN
UND DICH ZU SCHÜTZEN.

IRISCHER SEGENSWUNSCH

TRÄNEN reinigen die Seele. Dem Kummer nachgeben, aufhören, sich gegen den Schmerz aufzulehnen, ihn zulassen und um vergangenes Glück weinen – freier werden mit jeder fallenden Träne.

LEBENSKUNST IST, TRÄNEN IN
GLITZERNDE PERLEN ZU VERWANDELN.

HELGA SCHÄFERLING

ABSCHIEDNEHMEN ist ein langer Prozess mit Höhen und Tiefen. Nichts bereitet uns darauf vor. Es gibt keine Abkürzung. Nimm dir die Zeit, die du brauchst, und hab Geduld mit dir.

ERGREIFE DIE HAND derer, die dich lieben. Verbundenheit braucht nicht viele Worte. Manchmal ist es schön, einfach in den Arm genommen zu werden und gemeinsam zu schweigen. Sich einfach fallenlassen zu dürfen und getröstet zu werden.

EINE HELFENDE HAND DANKBAR ANNEHMEN,
WENN MAN SIE BRAUCHT, IST EIN ZEICHEN VON STÄRKE.

BERND WINKEL

ES TUT GUT, immer wieder über den geliebten Menschen zu sprechen, zu spüren, dass andere ihn ebenso geschätzt haben und vermissen. Wenn wir gemeinsam zurückblicken, wird die Grenze zwischen Tränen und Lächeln plötzlich hauchdünn.

WER IM GEDÄCHTNIS SEINER LIEBEN LEBT,
DER IST NICHT TOT, DER IST NUR FERN.
IMMANUEL KANT

JEMANDEN LIEBEN bedeutet auch ihn loszulassen, wenn es an der Zeit ist, Abschied zu nehmen. Wir trennen uns in dieser Welt, mit der Gewissheit, dass dies nicht die Grenze der Liebe, sondern nur des Lebens ist.

DIE LEUCHTENDEN AUGEN,

das herzliche Lachen, die unverwechselbare Art ...
All das ist für immer in unser Herz geschrieben. Dieser Schatz an Erinnerungen ist unser ganz persönlicher Reichtum, der uns ein Leben lang begleitet.

WAS MAN TIEF IN SEINEM HERZEN BESITZT,
KANN MAN NICHT DURCH DEN TOD VERLIEREN.

JOHANN WOLFGANG VON GOETHE

TROTZ ALLER SEHNSUCHT nach der Vergangenheit: leben können wir nur in der Gegenwart. Und hier und jetzt gibt es Menschen, die unserer liebevollen Zuwendung bedürfen, für die wir wichtig sind, die uns brauchen.

IN SCHWEREN ZEITEN für andere offen zu bleiben, ist eine Herausforderung. Doch in der Begegnung mit den Sorgen und Nöten anderer lassen wir auch ein Stück unserer eigenen Trauer hinter uns.

WENN ES AUCH DÜSTERE TAGE IN MEINEM LEBEN GAB,
WÜRDE ICH NICHT WOLLEN, DASS MAN MICH
ZU DEN UNGLÜCKLICHEN ZÄHLT.

VINCENT VAN GOGH

VIELLEICHT kann auch die Zeit nicht alle Wunden heilen, aber sie nimmt der Trauer die scharfen Kanten. Eines Tages werden wir beim Erwachen nicht zuerst den Verlust spüren, sondern eine warme Dankbarkeit dafür, dass wir ein Stück Lebensweg miteinander gehen durften.

WENN DU TRAURIG BIST, DANN SCHAU IN DEIN HERZ
UND DU WIRST ERKENNEN, DASS DU WEINST UM DAS,
WAS DIR FREUDE BEREITETE.

KHALIL GIBRAN

DIE LÜCKE, die der Tod in unserem Leben hinterlassen hat, wird sich nie ganz schließen. Aber wir können über sie hinweg eine Brücke bauen, eine Verbindung zurück in ein neues Leben.

DASS DIE VÖGEL DES KUMMERS UND DER SORGE
ÜBER DEIN HAUPT FLIEGEN, KANNST DU NICHT ÄNDERN.
ABER DASS SIE NESTER IN DEINEM HAAR BAUEN,
DAS KANNST DU VERHINDERN.

AUS CHINA

STÜCK FÜR STÜCK entdecken wir wieder Dinge, die uns gut tun. Immer öfter lüftet sich der Schleier unserer Traurigkeit ein wenig und wir fassen neuen Lebensmut.

WIR WURDEN GELIEBT. Diese Liebe gibt uns Kraft auch über den Tod hinaus. Der geliebte Mensch hätte sich gewünscht, dass wir gut für uns sorgen, dass wir unser Leben genießen und das Beste daraus machen.

Warum sollte ich aus dem Sinn sein,
nur weil ich aus dem Blick bin?

ANNETTE VON DROSTE-HÜLSHOFF

ALLES IST VERGÄNGLICH – auch der Schmerz. Irgendwann wärmen erste vorsichtige Sonnenstrahlen wieder deine Seele und ein Stückchen innerer Frieden kehrt zurück mit einer leisen Freude am Dasein.

MIT DEM ABSCHIED eines geliebten Menschen begegnen wir auch unserer eigenen Vergänglichkeit. Versuchen wir sooft es geht, den Tag als ein Geschenk anzunehmen, mit all den kostbaren Momenten, die er für uns bereithält.

TRAUER FORDERT UNS bis an unsere Grenzen heraus, aber sie gibt uns auch die Möglichkeit zu wachsen, uns zu wandeln, ein Stück reicher und reifer zu werden. Die Tiefe, die wir erfahren haben, beschenkt uns mit einem neuen Blick auf das Leben.

NIE ERFAHREN WIR UNSER LEBEN STÄRKER
ALS IN GROSSER LIEBE UND IN TIEFER TRAUER.

RAINER MARIA RILKE

ES WERDEN TAGE KOMMEN, da der Duft des Frühlings wieder deine Sinne berührt, die Wärme des Sommers deine Seele streichelt und das Farbenmeer des Herbstes für dich leuchtet. Und der Winter in deinem Herzen wird langsam vorübergehen.

Das Leben ist kostbar – hüte es.
Das Leben ist eine Herausforderung – bestehe sie.

UNBEKANNT

Tröstende Gedanken

für Trauernde finden sich auch in folgenden Büchern:

GRENZE DES LEBENS, ABER NICHT DER LIEBE
ISBN 978-3-86713-616-7

LIEBE IST STÄRKER ALS DER TOD
ISBN 978-3-86713-663-1

HERZLICHE ANTEILNAHME
ISBN 978-3-86713-646-4

Über die Autorin:
Franziska Siegel, geboren 1971 in Frankfurt a. M., lebt mit ihrem Mann und Töchterchen Louisa in Leonberg bei Stuttgart. In ihrer Freizeit schreibt sie Gedichte und Erzählungen.

Bildnachweis:
Titel, Rückseite, S. 31: Image Republic/f1online; S. 3: Klaus Tiedge/Corbis; S. 4/5: Ivan Vasilev/Vetta/Getty Images; S. 7: Bernd S./fotolia; S. 9,15: Rolf Blesch; S. 10/11: Chris Hackett/Getty Images; S. 13: Lynn Keddie/GAP Photos/ Getty Images; S. 17: Nicoloso/photocuisine/Corbis; S. 18/19: Svenni/fotolia; S. 21: Meg Takamura/Getty Images; S. 22/23: Panoramic Images/Getty Images; S. 25: Xavi Arnau/Vetta/Getty Images; S. 27: Junos/Getty Images; S. 29: David Jordan Williams/Brand X Pictures/Getty Images; S. 33: George Disario/Corbis; S. 35: Kwest/fotolia; S. 36/37, 42/43: iStockphoto/Thinkstock; S. 39: Otto Stadler; S. 41: Ella/fotolia; S. 45: Comstock/Thinkstock; S. 47: JAPACK/amanaimagesRF/amanaimages/Corbis.

Textnachweis:
Wir danken allen Autoren bzw. deren Erben, die uns freundlicherweise die Erlaubnis zum Abdruck ihrer Texte gegeben haben.

Idee und Konzept:
Groh Verlag.

ISBN 978-3-8485-1093-1

FSC www.fsc.org
MIX
Papier aus verantwortungsvollen Quellen
FSC® C011862

137002-4355-01

Ein Lächeln schenken

Geschenke sollen ein Lächeln auf Gesichter zaubern und die Welt für einen Moment zum Stehen bringen. Für diesen Augenblick entwickeln wir mit viel Liebe immer neue GROH-Geschenke, die berühren.

In ihrer großen Themenvielfalt und der besonderen Verbindung von Sprache und Bild bewahren sie etwas sehr Persönliches.

Den Menschen Freude zu bereiten und ein Lächeln zu schenken, das ist unser Ziel seit 1928.

Ihr

GROH